INAUGURATION DU BUSTE

DU

Professeur B. TEISSIER

SÉANCE SOLENNELLE

Présidée par M. H. SABRAN

Président du Conseil d'administration des Hospices

Le 20 avril 1894

LYON

ASSOCIATION TYPOGRAPHIQUE

Rue de la Barre, 12

1894

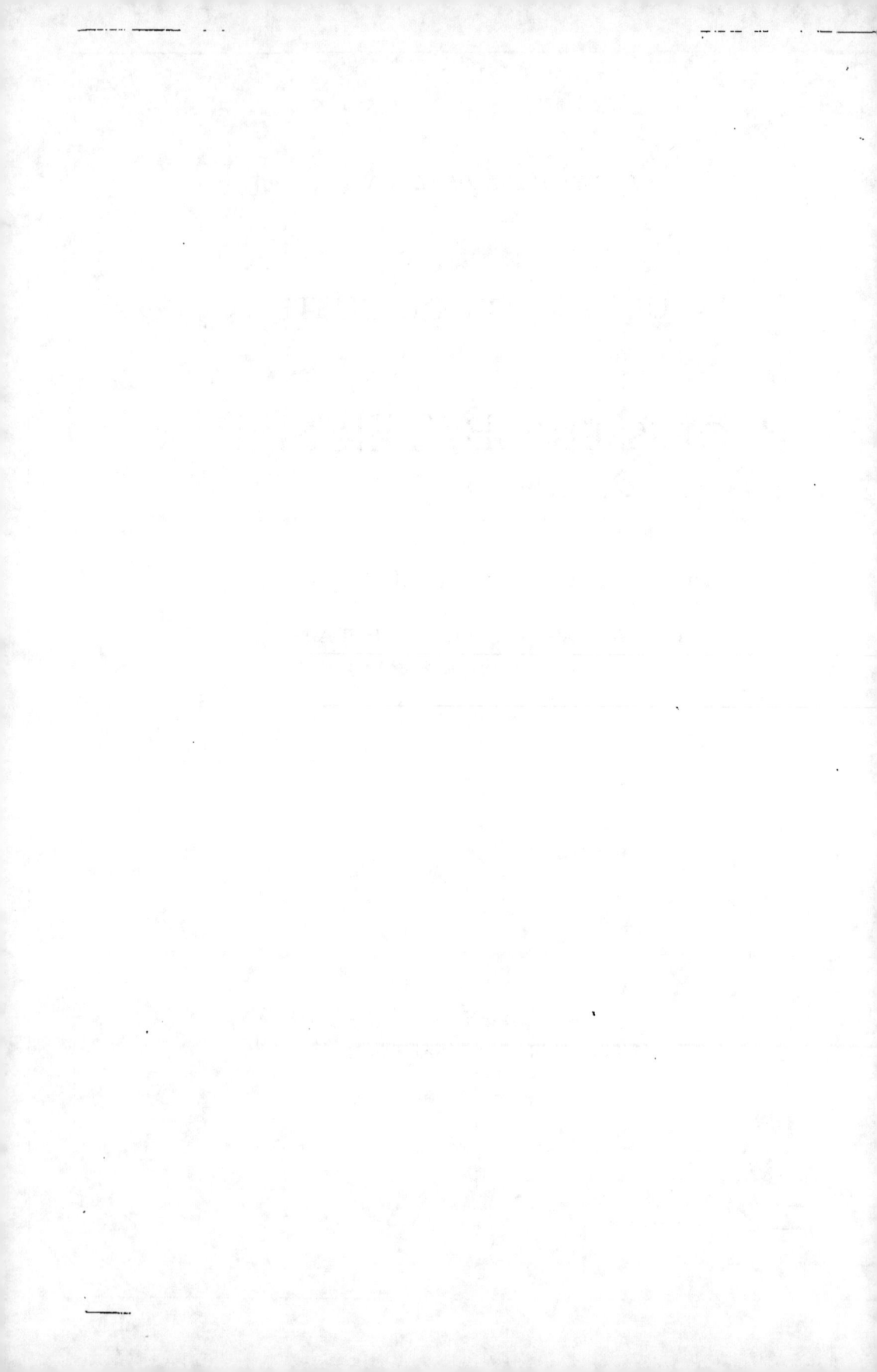

INAUGURATION DU BUSTE

DU

Professeur B. TEISSIER

INAUGURATION DU BUSTE

DU

Professeur B. TEISSIER

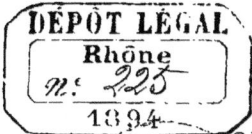

SÉANCE SOLENNELLE

Présidée par **M. H. SABRAN**

Président du Conseil d'administration des Hospices

Le 20 avril 1894

LYON

ASSOCIATION TYPOGRAPHIQUE

Rue de la Barre, 12

1894

Au commencement de mars 1889, peu de jours après la mort du professeur B. Teissier, un Comité de dix-huit membres, rapidement formé, se réunissait sous la présidence de M. Diday. Après avoir recherché les moyens de perpétuer le souvenir du maître éminent que la médecine lyonnaise venait de perdre, il décidait de consacrer cette mémoire par un buste qui serait placé dans une des salles de clinique médicale de l'Hôtel-Dieu.

Les souscriptions affluèrent, et le Comité put bientôt confier au sculpteur Chapu, comme au plus digne, le soin de reproduire par le marbre les traits de notre ami. Sans avoir connu son modèle, aidé seulement de quelques photographies, le grand artiste a su faire un chef-d'œuvre au double point de vue de la ressemblance et de l'art.

Enfin, le 20 avril 1894, après des retards causés par la réfection d'une partie de l'Hôtel-Dieu, a eu lieu la cérémonie d'inauguration, qui nous a permis de retrouver vivante dans le marbre cette figure aimée.

Les dimensions de la salle de clinique médicale avaient obligé à restreindre les invitations. La famille et quelques amis du professeur B. Teissier, les administrateurs des hôpitaux, les professeurs et agrégés de la Faculté de médecine, les médecins et chirurgiens des hôpitaux, le président de l'Académie des sciences, belles-lettres et arts de Lyon, le Comité de souscription, les élèves de la clinique formaient là comme une famille heureuse d'être réunie pour rendre ce touchant et bel hommage à notre maître.

Dans cette séance solennelle, la première place était réservée au représentant le plus élevé de l'Université de France à Lyon, à M. le Recteur de l'Académie. Dans l'impossibilité de pouvoir y assister, il a adressé au secrétaire du Comité de souscription la lettre suivante :

Je vous remercie et je remercie le Comité dont vous êtes l'interprète d'avoir bien voulu songer à me permettre de m'associer au témoignage d'estime et de regret que vous rendez au professeur B. Teissier.

Je n'ai pas oublié quels sont les titres de cette éminente personnalité à la reconnaissance de l'Université, et j'eusse été heureux de l'affirmer en prenant part à l'hommage que ses amis lui ont préparé. Mais j'ai le regret de ne pouvoir assister à cette cérémonie. Je vous prie de croire que j'en suis très affligé.

Le Recteur,
E. CHARLES.

DISCOURS DE M. LE DR LORTET

DOYEN DE LA FACULTÉ DE MÉDECINE

Messieurs,

Le 22 février 1889, notre maître, collègue et ami, Teissier s'est éteint à l'âge de 76 ans après une courte maladie qui, jusqu'au dernier moment, lui laissa l'intégrité de sa belle intelligence.

La mort de cet homme de bien a été, pour notre grande cité, une tristesse publique. Pendant le demi-siècle que dura cette vie de labeur et de dévoûment, Teissier avait soigné tant de malades, soulagé des misères si nombreuses, que dans la plupart de nos familles lyonnaises on pouvait se rappeler avoir vu, aux jours d'épreuves et d'angoisses, son visage calme et doux se pencher sur un lit de douleur.

S'il était ainsi appelé, désiré partout, c'est que fidèle à son devoir et dominé par la bonté naturelle de son âme, il ne se bornait point à donner des remèdes, à combattre une maladie. Mais avant tout, mieux que tout autre, il savait encourager ceux qui souffraient, raffermir ceux qui devaient partir, et toujours faire entrer à côté de lui, dans la demeure du riche comme dans celle du plus déshérité, l'espérance, cette chère consolatrice du cœur humain.

Ainsi s'explique la part qu'une foule immense et profondément émue prit au deuil de notre famille médicale.

Aussi, le 6 mars 1889, peu de jours après les funérailles, un Comité, composé de disciples et d'anciens élèves de Teissier, se réunit-il chez son fidèle et vieil ami Diday dans le but d'organiser une souscription publique, afin d'honorer cette pure et grande mémoire par un buste qui serait placé à l'Hôtel-Dieu, dans la salle de la clinique médicale.

Grâce au concours empressé de la presse scientifique et politique, l'argent ne tarda pas à affluer. Nous avons eu la joie de recevoir de toutes les bourses, de toutes les mains, parmi lesquelles nous sommes heureux de signaler celles de nos élèves, qui ont tenu tout particulièrement à payer ce dernier tribut de reconnaissance à la mémoire de celui qui savait si bien les initier aux difficultés de la médecine clinique.

Le marbre que vous avez sous les yeux a été travaillé par un artiste d'un grand talent, un de nos meilleurs maîtres dans l'art de la sculpture. Chapu a fait une image palpitante de vie et de ressemblance du savant qui fut pendant de si longues années une des gloires de notre ville, comme médecin de cet hôpital, comme professeur à l'École, et plus tard comme notre collègue à la Faculté.

Parmi tant d'hommes de cette génération, aujourd'hui disparue, qui ont honoré notre pays, il en est peu qui aient rendu plus de services ; il n'en est point dont le nom ait conquis une notoriété plus légitime dans notre populeuse cité.

C'est que par un privilège rare Teissier joignait à la plus brillante intelligence et aux plus vastes connaissances un cœur généreux ouvert à tous les nobles sentiments, un esprit avide de connaître tous les progrès modernes.

Tant d'autres arrivés à son âge ne peuvent plus se plier aux découvertes récentes, ne savent plus s'engager dans les voies nouvelles que la science ouvre sans cesse à ceux qui la cultivent. Teissier, au contraire, suivait d'un œil ravi les lumineux horizons que les travaux de Pasteur et de son école lui faisaient entrevoir. Son esprit si vif avait immédiatement compris quelles merveilleuses conséquences allaient être nécessairement le résultat de cette entrée de la médecine pratique dans un domaine exploité avec le rigorisme exigé par les sciences expérimentales.

Cette souplesse d'intelligence qu'il conserva toute sa vie fut pour lui une des grandes forces qui lui permit d'être toujours au courant des méthodes nouvelles. Mais il se faisait aussi un cas de conscience de cette étude sans trêve ni repos, car il estimait avec raison que celui qui tient entre ses mains la santé ou la vie de ses semblables ne saurait rien laisser au hasard, ne doit rien ignorer de ce qui peut devenir un élément de succès.

Messieurs, par la pensée, je le revois encore tel que je le vis pour la première fois, il y a quelque trente-cinq ans, dans une petite salle de cours, improvisée à l'extrémité d'un des combles de cet Hôtel-Dieu, modeste chambre où pouvaient à peine tenir vingt-cinq à trente auditeurs. Quelques bancs mobiles, quelques chaises contre les murs permettaient aux élèves et aux amis, après la visite minutieusement faite, d'écouter la leçon toujours claire et captivante du maître vénéré. Je vois encore ce regard si franc, ce visage mobile, cette tête intelligente inclinée, couronnée de longs cheveux grisonnants ; j'entends cette voix si chaleureuse.

Et nous avions tous pour lui une de ces affections profondes qui durent toute la vie. Il nous la rendait avec usure cette amitié, qui dans son cœur ne disparut qu'avec son dernier souffle.

Quelle n'aurait point été sa joie s'il avait pu voir cette clinique qu'il aimait tant descendre des hauteurs où elle se trouvait si pauvrement reléguée pour venir occuper ces splendides locaux qu'une administration jalouse de bien faire, généreuse et bienveillante vient d'édifier à son digne successeur.

Mais si cette satisfaction ne lui a point été accordée, il a eu cependant le bonheur de voir se créer cette Faculté dont ses travaux et ses efforts avaient préparé l'avènement, car je suis heureux de le rappeler encore aujourd'hui, c'est en grande partie à la renommée et à l'éclat de l'enseignement de Teissier, que notre École de médecine a dû sa transformation.

Aussi, lorsqu'il est parti, conservant jusqu'à la fin sa sérénité, son calme habituel, notre maître a dû avoir la satisfaction de se dire dans le fond de son cœur : J'ai fait mon devoir toute ma vie, j'ai fermé mon âme aux sentiments de malveillance, je me suis efforcé de répandre des trésors d'affection et de dévoûment sur les miens, sur ceux qui souffrent, sur les déshérités de ce monde. Ce fut là toute sa vie ! La mort doit être facile — il l'a bien montré — lorsqu'on peut ne laisser que de pareils souvenirs — dans la mémoire de tous ceux qui vous ont connu.

Messieurs, nulle place n'était mieux désignée pour recevoir l'image de notre maître que cette salle dans le voisinage de laquelle Teissier a poursuivi ses recherches, ses méditations, accompli ses plus beaux travaux, répandu sur les pauvres confiés à ses soins les trésors de sa science, de sa longue expérience. C'est là que pendant plus de cinquante années il a vécu entouré de nombreuses générations d'élèves, qui devenaient ses amis et qui, par son exemple plus encore que par sa parole apprenaient avec le culte de la science l'amour de la patrie et de l'humanité.

Messieurs, au nom du Comité de souscription, j'ai l'honneur de remettre aujourd'hui ce buste à M. le Président du Conseil d'administration des hôpitaux, et je le confie à la garde affectueuse de notre collègue, le professeur de la clinique médicale.

DISCOURS DE M. H. SABRAN

PRÉSIDENT DU CONSEIL D'ADMINISTRATION DES HOSPICES

Monsieur le Doyen,

Ce n'est pas sans une profonde émotion que je viens d'entendre les éloges que vous avez si justement décernés à l'homme éminent dont la cité porte encore le deuil. Son passage dans notre vieil Hôtel-Dieu a laissé des traces profondes, et ranime chez celui qui a l'honneur de vous parler d'impérissables souvenirs. Je ne pourrai jamais oublier l'impression que me causa, à mon entrée dans l'Administration hospitalière, la grande figure du professeur Teissier. La Faculté venait d'être créée, j'étais attaché par mes fonctions à la direction de l'Hôtel-Dieu, et en faisant ma tournée quotidienne, j'étais attiré malgré moi vers la clinique médicale où il m'était donné d'admirer avec quelle douceur, quelle patience et quelle bienveillance le docteur Teissier soignait, fortifiait et consolait les malades de son service. En voyant ce savant distingué, que la riche clientèle se disputait, si bon et si miséricordieux pour les pauvres et les humbles, si ponctuel dans l'exercice de ses fonctions, si dévoué à ses malades, je compris toute la grandeur du rôle d'un médecin d'hôpital, et lorsque j'entendis ces paroles prononcées par un malade de son service : *le docteur nous soigne comme si nous étions tous des millionnaires*, j'ai compris que si l'amour de nos semblables est le principe de la charité, la bonté doit être la première condition de *l'assistance*. N'est-ce pas cette bonté qui a été la source de l'admirable dévoûment dont Teissier a fait preuve dans son service hospitalier, n'est-ce pas aussi, le secret de la légitime influence qu'il a exercée sur tous ceux qui l'approchaient ?

Le docteur Teissier était pour nous la personnification si parfaite de l'homme de bien, du médecin dévoué et du savant consciencieux, que nous avions nourri des espérances qui, malheureusement, n'ont pas pu être réalisées, mais qu'il m'est permis, je crois, de divulguer aujourd'hui.

Lorsque Teissier quitta sa chaire magistrale et rentra dans la vie privée avec cette dignité et cette calme sérénité que nous nous rappelons tous, nous eûmes le désir, dans le Conseil des hospices, de l'avoir pour collègue, car nous estimions, à juste titre, le précieux concours qu'il aurait donné à cette Administration hospitalière, à laquelle il avait rendu de si grands services, qu'il connaissait et aimait depuis si longtemps et au sein de laquelle il aurait trouvé tant d'amis.

Notre vœu avait été favorablement accueilli par l'autorité supérieure, et nos souhaits allaient être exaucés, quand la mort a privé la cité d'un de ses enfants les plus illustres, les pauvres, d'un de leurs bienfaiteurs les plus insignes, et notre Administration d'un collaborateur qui avait été désiré par tous et dont la perte a laissé d'unanimes regrets.

Mais si Teissier n'a pas fait partie de notre Conseil, si un deuil, et j'ajouterai, un deuil public, a remplacé l'investiture que nous lui préparions, nous ne persistons pas moins, nous administrateurs des hospices, à le considérer comme étant des nôtres, et nous chercherons toujours à nous inspirer de ses conseils et de ses exemples.

Quel est l'homme, en effet, qui a honoré plus que lui la médecine hospitalière ? Tout à l'heure, Monsieur le Doyen, vous faisiez l'énumération des titres scientifiques de Teissier. Vous indiquiez la place importante qu'il avait conquise à la médecine lyonnaise, vous rappeliez la fondation de cette clinique et la dette de reconnaissance contractée par la Faculté et par tous les amis de la science, et votre parole autorisée recueillait l'unanime adhésion de ceux qui vous écoutaient.

Mais s'il s'agit de reconnaissance, personne n'a contracté une dette plus lourde que nous. Faut-il rappeler ces milliers de malades qui pendant plus d'un demi-siècle ont été souvent soulagés et guéris, toujours consolés par cet infatigable charmeur, qui, penché sur leur lit de souffrance, savait non seulement calmer leurs douleurs et fortifier leur cœur, mais avait le don merveilleux de faire renaître l'espérance même chez les plus désespérés ?

Faut-il rappeler l'influence bienfaisante qu'il a exercée sur

cette jeunesse, qui se pressait avide de recevoir son enseignement et qui l'entourait de son respect et de son affection !
Vous savez tous, vous qui l'avez connu, combien Teissier
aimait la jeunesse et quelle place importante l'enseignement
médical tenait dans ses préoccupations. Mais lui, si bienveil-
lant par nature, n'admettait pas que la flatterie pût jamais
faire partie d'un programme d'enseignement, il la redoutait,
comme étant un moyen de basse et fausse popularité, il ne
préconisait que deux moyens quelquefois lents, mais toujours sûrs pour forcer le succès ; *le travail* et *le respect pro-
fond de l'honneur professionnel.*

Élevé dans le culte et les traditions de nos grands chirurgiens et médecins lyonnais, Teissier aurait rougi pour la robe
qu'il portait, pour le titre dont il était revêtu, s'il avait
entendu de son vivant l'écho des plaintes auxquelles donne
lieu, dans d'autres villes, le service de santé dans les hôpitaux. Pour lui, se servir du titre de médecin des hôpitaux
comme d'une amorce pour la clientèle, négliger le soin des
pauvres malades, apporter dans son service des habitudes
d'irrégularité, sans souci des règlements, ni des intérêts des
malades, auraient été la conduite la plus coupable, la plus
répréhensible et la plus capable de compromettre le bon
renom du corps médical.

Vous ne serez donc point étonné, Monsieur le Doyen, si, par
une délibération prise à l'unanimité, le Conseil général des
hospices a décidé qu'une des salles de la clinique porterait le
nom de celui qui a tenu si haut le drapeau de nos chères traditions, qui a donné l'exemple du dévoûment, du désinté-
ressement, qui a toujours fait céder ses convenances person-

nelles aux exigences des règlements et qui nous a fait connaître la grandeur, l'importance et les devoirs du véritable
médecin d'hôpital.

Mais, à côté de la salle dont le nom perpétuera le souvenir
de Teissier, vous avez désiré que dans l'enceinte même où
l'enseignement est donné son image, due au ciseau d'un
habile artiste, fût conservée, et vous remettez à l'Administration la garde de ce précieux dépôt, au nom d'un Comité
dont les membres ont été réunis par la touchante et fidèle
pensée d'honorer la mémoire d'un grand médecin, et j'ajouterai d'un grand bienfaiteur des pauvres.

J'ai l'honneur, Monsieur le Doyen, au nom du Conseil des
hospices, de vous remercier et de vous dire que ce dépôt sera
sacré pour nous, qu'il sera considéré comme le symbole et le
drapeau des vertus professionnelles, que tous nous désirons
nous efforcer de pratiquer.

Étudiants, professeurs, médecins des hôpitaux, administrateurs, nous ne pourrons jamais porter les yeux sur ce
marbre sans nous rappeler que la devise de tous doit être
celle que l'éminent professeur avait adoptée dans la pratique
austère de ses fonctions et qui était : Faire son devoir, toujours son devoir, et encore son devoir.

Aussi, en présence de cette grande figure, qui restera pour
nous un modèle et un exemple, je puis affirmer que la seule
oraison funèbre digne de Teissier serait de graver au-dessous
de son image une inscription que sa modestie n'aurait pas
voulu accepter, mais que sa grande foi spirituelle n'aurait pas
désavouée et qui serait bien l'expression de sa vie entière ; en
portant ces mots : *Il a passé en faisant le bien.*

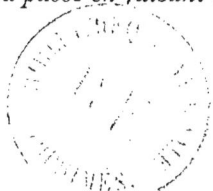

Oui, je l'atteste au nom de la grande Administration que j'ai l'honneur de représenter. Il a passé en faisant le bien, parce qu'il a prodigué les trésors de sa science et les tendresses de son cœur à des milliers de pauvres malades, et parce qu'il a exercé une bienfaisante influence sur tous ceux qui l'ont approché par la puissance rayonnante de sa bonté.

DISCOURS DE M. LE DR BONDET

PROFESSEUR

DE CLINIQUE MÉDICALE A LA FACULTÉ DE MÉDECINE

En prenant possession de notre nouveau service de clinique, de cet amphithéâtre dans lequel vient d'être placé le buste de notre regretté maître, le professeur Bénédict Teissier, j'ai un double devoir à remplir, remercier l'Administration des hôpitaux de ce qu'elle a fait pour notre installation et saluer à mon tour, avec une respectueuse émotion, l'image de celui qui, après avoir été l'une des gloires les plus pures de la médecine lyonnaise, doit rester notre modèle.

Rares, Messieurs, sont les hommes dont la vie, cinq ans après leur mort, alors que le temps n'a rien atténué encore des imperfections, rien effacé des lacunes qu'ils ont pu présenter, peut être donné comme exemple aux générations futures. Si celui qui a été notre maître a mérité cet insigne honneur ; si, dans ce marbre si vivant qu'a sculpté un grand artiste, il doit rester au milieu de nous comme un exemple, c'est que peu de natures autant que la sienne se sont approchées de la perfection, peu d'existences ont été aussi dignement et surtout aussi fructueusement remplies.

Qu'on l'envisage dans la vie privée ou dans la vie publique, dans les hôpitaux, à la Faculté ; qu'on interroge ceux dans l'intimité desquels il a vécu, ses élèves, ses confrères, ses collègues, tous ceux qui ont eu la bonne fortune de l'approcher, pas une note discordante ne s'élèvera. Aujourd'hui comme au lendemain de sa mort, défiant toute critique, sa mémoire reste pure, respectée et universellement honorée.

A tout ce qui a été écrit sur sa vie, à tout ce que viennent de vous rappeler au nom de la Faculté, M. le Doyen ; au nom des hôpitaux, M. le Président de Conseil, il est difficile de rien ajouter. C'est son œuvre surtout que je voudrais pouvoir faire revivre un instant devant vous.

Elle est tout entière, cette œuvre, dans les transformations qui, depuis quarante ans, se sont opérées dans la médecine lyonnaise, dans les doctrines qui ont établi sur les bases solides de la clinique sa légitime réputation. Dire ces transformations, rappeler ces doctrines, me paraît le plus sûr moyen d'honorer, comme il le mérite, dans cette séance d'inauguration, le nom et la mémoire de Bénédict Teissier.

Avant d'aborder cette étude, je vous dois, Messieurs, au nom de la clinique, à vous tous qui avez tenu à honorer avec nous ce noble caractère ; à vous tous, qui nous avez aidés à perpétuer vivante parmi nous cette belle et grande figure, tous nos remercîments.

A vous aussi, Messieurs les administrateurs, qui venez d'accepter la garde du précieux dépôt confié par nous à votre vigilante sollicitude, je tiens à exprimer nos sentiments de reconnaissance. Non contents d'abriter le buste du maître, vous avez voulu, et c'est du fond du cœur que nous vous en remercions, en donnant son nom à une de nos nouvelles salles, perpétuer dans ce grand hôpital le souvenir de l'homme qui, pendant plus de quarante ans, a été au chevet de vos malades le modèle de toutes les vertus.

J'ai à vous remercier aussi, en mon nom personnel et au nom des élèves, de ce que vous avez fait pour l'installation de notre nouveau service. Composé autrefois de 5o malades, ce service, avec la nouvelle salle Teissier, en compte aujourd'hui 70. A la place du laboratoire rudimentaire que nous possédions autrefois, existe actuellement un laboratoire vaste, bien éclairé, situé entre nos deux salles de malades et communiquant avec l'amphithéâtre des cours, puis une pièce destinée à servir de salle d'attente aux malades non hospitalisés. A ce laboratoire dont l'organisation, au point de vue chimique et bactériologique, a été confiée à notre distingué collaborateur et ami, M. le Professeur agrégé Gabriel Roux, aidé de notre futur chef de laboratoire, M. Pittion, est annexée une salle destinée aux animaux en expérience. C'est dire qu'actuellement tout est prêt pour le bon fonctionnement de cet important service, complément indispensable aujourd'hui de toute clinique bien organisée.

Dans cette nouvelle création, l'Administration hospitalière

a fait le possible pour donner satisfaction à nos multiples besoins et à nos nombreuses demandes.

Il en est une cependant pour laquelle il nous a été impossible d'obtenir gain de cause : c'est l'abandon à la Faculté d'une salle de vingt-quatre lits, placée entre le service de la clinique chirurgicale de M. le Professeur Poncet et notre service actuel. Cette salle, qui assurait dans l'Hôtel-Dieu à nos services universitaires, avec un groupement plus parfait, une élasticité suffisante, nous laissait entrevoir dans l'avenir la possibilité de l'agrandissement de l'amphithéâtre actuel. Cet agrandissement avec le nombre toujours croissant de nos élèves, s'imposera à brève échéance, aussi n'est-ce pas sans une certaine inquiétude qu'il nous faut envisager et prévoir dès à présent l'insuffisance de notre récente installation.

A cette idée, pourquoi ne l'avouerai-je pas, se rattachait aussi le souvenir et le culte du maître que nous honorons aujourd'hui. Après lui et dans le même esprit, il nous semblait légitime de poursuivre dans la réalisation de ce projet l'œuvre à la fois hospitalière et universitaire à laquelle il avait consacré sa vie, l'intérêt supérieur de la médecine et le développement de la clinique.

C'est cette pensée, disais-je il y a quelques instants, qui a été l'un des points les plus saillants de l'œuvre de Teissier ; il suffira pour le démontrer de se reporter à une quarantaine d'années en arrière.

A l'époque où Teissier terminait ses études médicales, l'idéal de tout médecin désireux d'arriver par le concours était le majorat des hôpitaux. Celui de l'Hôtel-Dieu surtout, sur

lequel la réputation naissante d'Amédée Bonnet jetait alors
un très vif éclat, était particulièrement recherché. En dehors
de l'étendue et de la richesse de ce service, ainsi que de cer-
tains avantages matériels qui y étaient attachés, le chirurgien-
major de cet hôpital jouissait de prérogatives telles, qu'il
absorbait et personnifiait presque à lui seul nos situations
hospitalières aujourd'hui si recherchées. C'est lui qui était
chargé de la direction de l'internat et de l'externat, et nul chef
de service ne pouvait, sans son autorisation, donner à ses
élèves, internes ou externes, un congé de plus de trois jours.
Sa prépondérance, avec sa place marquée à la droite du
président du Conseil dans tous les concours, y compris ceux
de médecine, était incontestée. Une difficulté venait-elle à
surgir dans la vie ou dans le personnel hospitalier, c'était
lui qui toujours et presque toujours, lui seul, qui était consulté
et qui conseillait. Aussi, l'Administration des hôpitaux, jalouse
de conserver à celui qu'elle considérait comme son représentant direct, une très grande situation, intéressée du reste à
maintenir intacte son autorité, ne laissait échapper aucune
occasion d'entretenir aux yeux du public le prestige de ses
chirurgiens. Pompeuses installations, honneurs, considérations et avantages pendant leur vie, honneurs encore et avantages après leur mort, tels que concessions gratuites de
terrain, monuments sur leur tombe, bustes officiellement
votés et aussi officiellement payés, tout était mis en œuvre
pour augmenter l'importance et l'éclat de ces situations chirurgicales justement enviées.

Plus qu'un autre, Teissier, par ses premiers travaux sur le

mal de Pott cervical, sur les effets de l'immobilité sur les join-
tures, par ses relations suivies avec Bonnet, semblait devoir
orienter sa vie de ce côté.

Une maladie inattendue, en le forçant à aller passer quelques mois dans le Midi, l'obligea à renoncer au concours du
majorat de 1852. Deux ans après, il concourait pour une
place de médecin de l'Hôtel-Dieu et était nommé.

A partir de ce moment, sa vie tout entière appartient à la
médecine ; publications variées, mémoires importants sur
diverses questions de pathologie interne et de thérapeutique
se succèdent rapidement. Dans les sociétés savantes, en dehors de fréquentes communications, il prend une part active
et intervient dans presque toutes les discussions importantes
qui touchent à la médecine.

A peine installé dans son service d'hôpital, ses visites,
comme l'avaient été celles d'un de ses prédécesseurs qui
venait de quitter l'Hôtel-Dieu, le D' Roy, sont assidûment
suivies.

Chaque jour, des élèves de plus en plus nombreux viennent
demander à cet enseignement libre une compensation au
cours de clinique qui, depuis le désistement de Richard de
Laprade, en 1830, jusqu'à la nomination du Professeur
Devay, en 1854, avait bien figuré, ainsi que le disait son spi-
rituel biographe à la Société de médecine, M. Diday, sur
l'affiche des cours, ainsi que sur la feuille d'émargement, mais
qui de mémoire d'étudiants n'avait jamais été professé.

Tel fut le succès de cet enseignement que, cinq ans après,
sur les rapports de MM. les Inspecteurs généraux Bérard et
Denonvilliers, le nouveau médecin des hôpitaux était succes-

sivement nommé professeur adjoint, puis professeur de clinique médicale.

Dans ces nouvelles fonctions, Teissier parvint bien vite à une grande et légitime popularité, en quelques années, il avait acquis dans la médecine lyonnaise une influence justement méritée.

Cette influence, il importe de le faire remarquer, fut le fait de l'homme autant que du professeur. Teissier, en effet, n'a pas seulement pratiqué et enseigné la médecine, il l'a aussi et surtout honorée ; et si une part équitable a été faite à Lyon à côté de la chirurgie à la médecine, on peut dire que c'est grâce à ses qualités morales, à l'élévation et à la sûreté de son caractère, à la dignité de sa vie, autant qu'à son devoir et à l'éclat de son enseignement, que ce résultat a été obtenu.

Pour justifier ce jugement, permettez-moi de rappeler ici quelques lignes empruntées à deux articles biographiques parus peu de jours après sa mort. Ces lignes, signées de deux chirurgiens, et qui honorent ceux qui les ont écrites autant que celui qui les a inspirées, démontrent mieux que tout ce que je puis ici vous dire cette partie importante de l'œuvre de Teissier : le relèvement de la médecine à Lyon.

« Je me demande, disait M. Augagneur au lendemain de la mort de Teissier, dans la *Province médicale,* ce qui restera de ses œuvres, de ses publications; son enseignement, quand le dernier homme de notre génération aura disparu, sera peut-être oublié, mais ce qui devra à jamais demeurer fixé dans le souvenir de tout médecin lyonnais, c'est la reconnaissance pour l'homme qui a été un de ses plus vaillants émancipateurs.

« Quand Bénédict Teissier commença ses études, le but que pouvait se proposer un débutant, c'était le majorat de l'Hôtel-Dieu. Le major de ce temps (c'est un chirurgien qui parle), véritable satrape de l'art médical, régnait en maître sur les médecins, qui ne se recrutaient guère que parmi les refusés des concours de chirurgie. Jamais la chirurgie lyonnaise n'avait été si brillamment représentée : Amédée Bonnet poursuivait le cours de ses travaux restés historiques. Teissier au début sacrifia comme les autres au dieu du jour. Ses premiers travaux montrèrent que lui aussi pouvait aspirer au majorat.

« Il s'arrêta là et concourut pour une place de médecin des hôpitaux. Contrairement à la plupart de ses collègues, il n'avait pas pris la médecine comme pis aller, il ne s'était pas résigné à être médecin parce qu'il n'avait pas pu être chirurgien ; il avait choisi sa voie de propos délibéré, et affirmé par ce seul acte, lui dont le mérite incontesté eût pu prétendre aux plus hautes destinées chirurgicales, qu'à ses yeux les médecins des hôpitaux devaient marcher sur le même pied que les chirurgiens.

« Cette idée, dont personne aujourd'hui que les vieux et ridicules préjugés, que les âpres revendications d'une injuste suprématie ont disparu, ne peut contester ni la justice, ni l'utilité pour les malades, Teissier a su la faire prévaloir par la considération dont sa valeur scientifique a revêtu le corps médical des hôpitaux, par l'*habile* douceur de son caractère, par sa bienveillance pour tous, même pour ses adversaires. —

Le premier à Lyon, il a montré qu'un médecin pouvait faire école et intéresser un auditoire d'élèves à côté de l'amphithéâtre où régnait la déesse Chirurgie. »

Un autre chirurgien, un de nos chers et vieux maîtres, a pu avant de mourir, consacrer de toute la puissance de son autorité et de son talent, cette haute influence de Teissier sur la transformation de la médecine.

« L'œuvre de Teissier, écrivait M. Diday, dans le *Lyon médical,* n'a pas seulement fécondé, mais elle a révolutionné; révolutionné ! oui. Ce patient analyste, ce doux charmeur a fait une révolution, il a fait une révolution, plus qu'une révolution, il a fait les mœurs qui font les révolutions. De temps immémorial chez nous le majorat absorbait à son profit la faveur publique. Dans le monde, même dans le monde qu'on appelle savant, venait-on à citer la médecine lyonnaise, il était convenu que c'est de la chirurgie qu'on avait parlé. De retentissants concours, de solennelles séances d'installation, une disproportion démesurée du nombre de lits, appuyaient, étendaient, perpétuaient ce prestige exclusif dont la crédulité du vulgaire avait fini par faire le plus étrange monopole.

« C'est depuis l'enseignement de Teissier, et c'est par l'enseignement de Teissier que les choses ont été remises en place. Si de par la médecine de méritants collègues occupent dans les conseils de l'Administration, dans la confiance de toutes les classes de la société, le rang auquel ils ont droit, et si c'est un major même qui se félicite de pouvoir dire à quelle hauteur s'élève aujourd'hui ce rang jadis si injustement abaissé, que nul n'oublie la part due au simple travailleur qui trente ans durant (il n'en a pas fallu moins), à l'instar du philosophe antique, montra en marchant comment on monte. »

A côté de l'opinion de ces deux chirurgiens, anciens majors tous deux, il en est une autre qui vous frappera sans doute comme elle m'a frappé, c'est sur le même sujet celle du président actuel de cette Administration, qui pendant si longtemps fidèle à ce qu'on est convenu d'appeler la tradition, a entretenu dans le public quand elle ne l'a pas faite, cette idée de la supériorité de la chirurgie.

Pendant plus de quarante ans, disait M. Sabran, peu de temps après la mort de Teissier, dans un discours prononcé à l'occasion d'un concours pour une place de médecin des hôpitaux, Teissier, comme médecin ou professeur défendit les droits et les prérogatives de ses confrères, et contribua puissamment à faire obtenir à la médecine la place importante à laquelle elle a droit. Ces paroles, outre l'importance qu'elles empruntent à la haute valeur et à la grande situation de celui qui les a prononcées, me permettent, et c'est pour moi une véritable bonne fortune que de pouvoir le faire, d'associer dans un même sentiment de reconnaissance, à propos de cette partie de l'œuvre de Teissier, les transformations de la médecine, à côté du nom de celui qui les a proposées, le nom de l'homme qui, soutenu et aidé par toute une phalange d'hommes libéraux et intelligents, ses collègues de l'Administration actuelle, a eu le premier le courage de les appliquer !

Après tout ce que je viens de dire, après tout ce qui a été

dit et écrit à ce sujet, il me paraît difficile de méconnaître l'influence de Teissier sur ces transformations, et si par hasard quelques esprits trop passionnément épris des choses du passé venaient à mettre en doute leur réalité, nous n'aurions, pour donner une éclatante consécration à l'ordre de choses actuel, qu'à rappeler le dernier concours de médecine, dans lequel *douze candidats,* du commencement à la fin, sans défaillance et avec éclat, ont vaillamment soutenu et porté haut le drapeau de la médecine.

A côté de cette partie de l'œuvre de Teissier, il me reste pour en compléter l'exposé à vous rappeler les doctrines et les méthodes de travail dont il s'est inspiré, pour donner comme clinicien à la médecine lyonnaise, soit par lui-même, soit par les travaux de ses élèves, la légitime réputation dont elle jouit aujourd'hui.

Lorsque Teissier, en 1854, prit possession à côté du Professeur Devay de son service de clinique, deux grandes doctrines dominaient la médecine : l'une représentée par l'École de Montpellier, l'autre défendue surtout à la Faculté de Paris, se partageaient les faveurs du monde médical ; la première était encore dominée par le souvenir de la médecine hippocratique ; la seconde, au contraire, absorbée par la pensée de faire avant tout un enseignement exact et rigoureux, s'élevait rarement à la systématisation des faits, évitait avec soin les dissertations dogmatiques, et tenait à honneur de se renfermer dans les limites d'une analyse morbide, presque exclusivement anatomique. Grâce à la pondération de son esprit, guidé par cette qualité rare qu'on appelle le bon sens, et qui a été peut-être la qualité maîtresse de sa vie, Teissier, sans se laisser absorber par l'une ou l'autre de ces doctrines, sut demander à chacune d'elles, ce qu'elles pouvaient lui donner, pour le conduire plus sûrement à ce résultat final, qui a été le but constant de ses efforts : la connaissance du malade.

« En dehors du vitalisme et de l'organicisme, disait-il dans un discours prononcé en 1855 *sur les principes généraux de la clinique,* il existe une doctrine mixte qui n'est qu'une combinaison des deux premières, tout opposées qu'elles soient en apparence et qui tient le milieu entre elles. Celle-ci n'exclut aucun moyen d'investigation, et n'en exagère aucun au préjudice des deux autres. L'interrogation des malades se fait avec beaucoup de soins, on ne néglige ni la recherche du siège du mal, ni la nature de la lésion matérielle, ni les symptômes fonctionnels, ni l'état des forces, ni l'examen des causes. On ne se borne pas à l'observation hippocratique pour arriver au diagnostic des maladies, on emprunte à la physiologie, à l'anatomie normale et pathologique, à la physique, à la chimie, à l'histoire naturelle les moyens qu'elles peuvent nous fournir pour pénétrer plus avant dans la connaissance du mal. Les indications curatives sont puisées tout à la fois dans la considération des causes de la maladie, de son type, de ses phénomènes critiques de la disposition constitutionnelle, de l'état des forces et dans celles des altérations matérielles.

« Les faits individuels sont étudiés avec attention, mais on ne se borne pas à recueillir des piles d'observations sans les relier entre elles.

« Après avoir analysé les faits particuliers, le professeur les groupe, examine leurs rapports, les rapproche des faits que nous ont transmis nos devanciers et cherche à tirer de ce rapprochement des considérations générales et des principes qui puissent éclairer la marche de la science et la vivifier. »

Cette doctrine mixte organo-vitaliste est celle qui a fait la base de l'enseignement de Teissier ; c'est d'elle dont il s'est toujours inspiré, s'efforçant de ne jamais isoler en clinique la lésion matérielle, de ses causes, de la nature du terrain et surtout de l'activité vivante de l'organisme.

Sans rien oublier du passé, demandant à chaque instant aux sciences dites positives de nouveaux moyens d'investigation et de traitement, attentif à tout ce qui pouvait être le progrès, convaincu que tout système peut renfermer une part de vérité, usant de tout sans jamais se laisser dominer par rien, tel fut Teissier dans les applications de cette doctrine éclectique qui, après avoir été le guide de sa vie, était devenue la base de son enseignement.

A l'heure actuelle, au moment où la médecine, du fait des immortelles découvertes de Pasteur, subit une véritable révolution, nul mieux que lui, sans rien abandonner des droits éternels, supérieurs et imprescriptibles de la clinique, n'eût été capable de faire ressortir dans cette évolution de la médecine le rôle et la portée de ses découvertes.

Mieux que personne, Teissier, par sa connaissance du malade, par la variété et l'étendue de son instruction, par la sûreté de son jugement, la fine pénétration de son intelligence, semblait préparé à une saine application à la clinique de la pathologie microbienne.

Cette regrettable lacune de son enseignement, qu'une

retraite prématurée ne lui a pas permis de combler, a dû être une des plus vives préoccupations, un des derniers regrets de sa vie scientifique.

Quelle satisfaction, en effet, quelles profondes et intimes jouissances pour cet esprit curieux et chercheur, avide d'apprendre et d'instruire les autres, s'il avait pu pénétrer plus avant dans cette nouvelle science née d'hier et si féconde déjà en applications pratiques. Quels enseignements pour nous, s'il lui avait été donné d'appliquer à cette passionnante étude des infiniment petits ses incomparables qualités de clinicien.

Malgré cette lacune, j'espère, Messieurs, avoir suffisamment établi, en dehors de la portée morale de l'œuvre de Teissier, au point de vue du relèvement de la médecine, le caractère scientifique de cette œuvre.

Ce qui frappe dans cette œuvre, en dehors des résultats qu'elle a donnés, ce qui doit en faire surtout pour la jeunesse le plus éloquent enseignement, c'est qu'elle n'est pas le résultat d'un effort passager cherché et voulu, elle est le fruit d'une longue existence dominée tout entière par le culte du beau, l'amour du bien, le désir et la volonté de bien faire.

Cinquante ans de labeurs dont trente-cinq comme professeur de clinique, un demi-siècle d'efforts, une vie sans reproches, l'austérité du devoir, le talent uni à une grande simplicité, un dévoûment sans bornes à ses amis, à ses élèves, à ses malades, et par-dessus tout cette infinie bonté dont le rayonnement semble éclairer encore le marbre qui doit nous conserver ses traits. Voilà, Messieurs, ce que nous voudrions, pour dire toute la grandeur de son œuvre, pouvoir graver sur le buste du maître.

Voilà ce que nous offrons comme exemple aux générations à venir.

ALLOCUTION DE M. VALSON

PRÉSIDENT DE L'ACADÉMIE DES SCIENCES, BELLES-LETTRES ET ARTS DE

LYON

MESSIEURS,

L'homme éminent auquel des honneurs si légitimes viennent d'être rendus a été, pendant de longues années, membre de l'Académie des sciences, belles-lettres et arts de Lyon, et à deux reprises différentes, il en a été le Président.

Qu'il soit permis à l'un de ses successeurs de se faire, en peu de mots, l'interprète des sentiments de notre Compagnie et de joindre ses hommages à tous ceux qui lui ont été décernés avec tant d'autorité et de compétence.

Dans la personne de M. le Dr Teissier, nous n'admirions pas seulement les mérites exceptionnels du médecin et du savant, nous aimions encore les belles qualités de son caractère, sa bonté, son aménité, sa parfaite courtoisie; aussi nous l'environnions tous de nos plus vives sympathies, avec des sentiments d'estime qui tenaient à la fois de l'affection et du respect.

C'est pourquoi son nom figurera avec honneur dans nos annales, et sa mémoire nous restera toujours précieuse.

COMITÉ DE SOUSCRIPTION

POUR ÉRIGER UN BUSTE

A M. le Professeur B. TEISSIER

6 MARS 1889

MM.

Dr AUGAGNEUR, chirurgien en chef désigné de l'Antiquaille, professeur agrégé à la Faculté de Médecine.

E. AYNARD, banquier.

Dr BONDET, médecin honoraire des hôpitaux, professeur à la Faculté de Médecine.

CAILLEMER, doyen de la Faculté de Droit, administrateur des Hospices.

R. DE CAZENOVE.

D. E. COUTAGNE, secrétaire du Dr Teissier.

Dr P. DIDAY, ex-chirurgien en chef de l'Antiquaille, président du Comité.

Dr DOYON, médecin inspecteur des eaux d'Uriage.

E. FAIVRE, doyen des médecins des hôpitaux.

L'Abbé GUINAND, doyen honoraire de la Faculté de Théologie.

Dr GIRIN, médecin honoraire des hôpitaux, président de l'Association des médecins du Rhône.

Dr LACOUR, médecin honoraire du service des aliénés et des épileptiques de l'Antiquaille.

E. LOISON, doyen des internes des hôpitaux de Lyon.

Dr LORTET, doyen de la Faculté de Médecine.

Dr MARDUEL, secrétaire général de la Société de Médecine, secrétaire du Comité.

Dr OLLIER, professeur à la Faculté de Médecine.

A. PIC, président de l'Association des étudiants de Lyon, interne à la Charité.

Dr A. PONCET, chirurgien en chef de l'Hôtel-Dieu de Lyon, professeur à la Faculté de Médecine.

H. SABRAN, président du Conseil d'administration des Hospices civils de Lyon.

Le Comité de souscription, en se constituant, avait pour but de consacrer la mémoire du professeur B. TEISSIER, par un buste placé dans une des salles de clinique médicale de l'Hôtel-Dieu. Ce buste, en marbre blanc, sculpté par Chapu, a été inauguré le 20 avril 1894.

La Faculté de Médecine ayant exprimé le vœu qu'une reproduction en bronze de l'œuvre de Chapu fût placée dans la salle des pas-perdus de la Faculté, cette reproduction a été exécutée par les frères Thiébaut, fondeurs émérites.

Dans le cas où les sommes recueillies dépasseraient les frais des deux monuments, le Comité a décidé d'employer le reliquat à venir en aide à des élèves en médecine de Lyon dont les ressources seraient insuffisantes pour compléter leurs études.

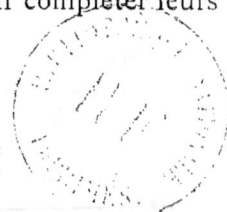

1er juin 1894.

www.ingramcontent.com/pod-product-compliance
Lightning Source LLC
LaVergne TN
LVHW022038080426
835513LV00009B/1125